Inhalt

Mammutaufgabe Fußball-WM - Transportwesen und öffentlicher Nahverkehr haben sich gut geschlagen

Kernthesen

Beitrag

Fallbeispiele

Zahlen und Fakten

Weiterführende Literatur

Impressum

Mammutaufgabe Fußball-WM - Transportwesen und öffentlicher Nahverkehr haben sich gut geschlagen

Autor GENIOS BranchenWissen: M.Klems

Kernthesen

- Der Öffentliche Nahverkehr und die Bahn sind die Transportgewinner der WM.
- Die deutsche Bahn setzte 10 000 Züge zusätzlich zur WM ein.
- Fluggesellschaften profitieren von WM Flüchtenden und Frühbuchern.

Beitrag

Die Fußballweltmeisterschaft entwickelte sich zur Sternstunde der deutschen Transportmittel und des Personen-Nahverkehrs. Etwa 3,2 Millionen Fans wurden alleine zu den 64 Spielen der 32 Nationalmannschaften in den zwölf deutschen WM Städten transportiert. Für die beteiligten Unternehmen ein enormer planerischer und logistischer Aufwand.

Völkerwanderungen während der WM

Etwa 3,2 Millionen Fans wurden zu den 64 Spielen der 32 Nationalmannschaften in den zwölf deutschen WM Städten erwartet. Neben den Millionen Besuchern der Spiele wurde zudem mit zahlreichen Zuschauern auf den Public-Viewing Plätzen in den Innenstädten gerechnet. Aufgrund von Alkohol- und Partystimmung war das Auto nicht die erste Wahl, zudem bekanntermaßen die Parkplatzkontingente begrenzt waren. Knapp zwei Drittel der Stadionbesucher haben daher während der WM den Öffentlichen Nahverkehr genutzt. Nur rund 30% sind mit dem eigenen PKW zum Spiel gefahren. Der Rest kam zu Fuß oder mit dem Fahrrad. Die

Fußballweltmeisterschaft war daher die Sternstunde der deutschen Transportmittel und des Personen-Nahverkehrs. Busse und Bahnen profitierten allen voran von den innerdeutsch pendelnden Fans. Die Bahn hat dabei alles was Räder hat auf die Schiene gestellt, die Lufthansa höhere Kapazitäten eingesetzt und Busunternehmen mieteten weitere Fahrzeuge an. Jedes Transportsystem war auf eigene Weise bemüht die Besucher der WM logistisch zu unterstützen. (3), (7), (11), (15)

Deutsche Bahn Gewinner der WM

Im Transportsektor war die Deutsche Bahn einer der deutlichen Gewinner der WM. Sie beförderte während der Fußball WM fünf Millionen Fahrgäste mehr als erwartet. Innerhalb der Spielwochen sind 15 Millionen zusätzliche Fahrgäste gezählt worden. Zur Meisterung der gewaltigen Transportaufgabe wurden 10 000 Züge zusätzlich, davon 300 im Fernverkehr eingesetzt. ICE Hochgeschwindigkeitszüge wurden dabei in doppelter Länge eingesetzt. Trotz der Vorbereitungszeit seit 2004, stellte die WM die Bahn vor große Herausforderungen, wenn bei Verspätungen durch technische Probleme Fans noch pünktlich zu einem WM Spiel befördert werden mussten. Die Bahn berichtet hier von Spitzen, die deutlich an die Leistungsfähigkeit des Unternehmens gingen. Gegenüber den Fluglinien konnte die Bahn die Auslastung im Vorfeld nur schwer bestimmen, da ein Teil der Bahnkarten, im Gegensatz zu einem Flugticket, nicht an feste Züge gebunden waren. Die Unternehmensführung der Bahn geht von einem wirtschaftlich positiven Fazit der WM aus. Genaue Zahlen lagen hier aber noch nicht vor. (1), (2), (5), (7)

Lufthansa transportiert mit höheren Kapazitäten

Mehr als 200 000 Flugtickets hat die Lufthansa zusätzlich zur WM verkauft. Gerade international hat der deutsche Marktführer im Luftverkehr mit 51 Millionen Passagieren pro Jahr zugelegt. Hier sind zahlreiche Passagiere aus Mexiko, Spanien und Großbritannien registriert worden. Anstelle des Einsatzes neuer Maschinen hat sich die Kapazitätserweiterung über größere Flugzeuge als Erfolgskonzept gezeigt. Die knappen Flug- und Landerechte an den Flughäfen machten das Einbuchen zusätzlicher Maschinen weitaus schwieriger und kostenintensiver. So prüfte die Lufthansa, ob nicht für das Endspiel in Berlin eine 747 eingesetzt werden sollte, denn es lassen sich rund 400 Personen mit dem Jumbo transportieren. Auf der

Route Frankfurt Berlin werden in der Regel kleinere Maschinen mit Kapazitäten von 150 bis 280 Sitzplätzen eingesetzt.
(6), (8), (11)

Busunternehmen profitieren durch die WM

Der Internationale Bustouristik Verband (RDA) zieht ein positives Resumée zur WM. Hier wird von mehreren hunderttausend Fahrgästen ausgegangen, die während der Fußballweltmeisterschaft zu den Spielstätten transportiert wurden. Der Verband sieht in der Weltmeisterschaft einen idealen Werbeträger für das Transportmittel Bus, das bei Urlaubsreisen von mehr als 5 Tagen auf einen Marktanteil von 5% und bei Kurzreisen auf einen Anteil von 14% kommt. Die starke Auslastung der Busunternehmen während der laufenden Spiele hat zu Anmietungen weiterer Buskapazitäten geführt, wissen Branchenkenner zu berichten. (3)

Sponsoring ein lukratives Geschäft

Auf andere Weise hat die Fluglinie Emirates die

Fußball-Weltmeisterschaft zum eigenen Vorteil genutzt. Als einer der größten Sponsoren der WM baut das Unternehmen auf internationale Bekanntheit und war einer der größten Sponsoren mit dem Slogan "Fly Emirates" während der WM. Damit auch nach der WM die Fluggesellschaft nicht in Vergessenheit gerät, investieren die Araber enorme Summen in den englischen Fußball. 2004 sicherte Emirates mit 150 Millionen Euro die Namensrechte des Stadions von Arsenal London. Das nächste Ziel der Fluggesellschaft heißt Bundesliga. Der Hamburger SV wird in der laufenden Saison mit "Fly Emirates" werben. Eine Gallionsfigur konnte zudem gewonnen worden: Franz Beckenbauer repräsentiert die Fluglinie als Botschafter. Im Gegenzug unterstützt das Unternehmen die Stiftung von Franz Beckenbauer. (2), (12)

Lukrativer Ausblick für das Transportwesen zur kommenden Fußball-WM 2010 in Südafrika

Gut zwei Fünftel der in Südafrika engagierten deutschen Unternehmen sehen geschäftliche Vorteile durch die kommende Fußballweltmeisterschaft in Südafrika. Gerade durch Aufträge in der

Infrastruktur können deutsche Unternehmen profitieren. Hierzu gehören der Stadionbau, die Sicherheitstechnik und die Transportstrukturen. Gerade der Ausbau der Personenbeförderung war in Südafrika mehr als überfällig und wird durch die WM-Planungen beschleunigt. Südafrika will 580 Millionen Euro für den Flughafenausbau, 390 Millionen Euro für das Eisenbahn- und Straßennetz investieren. Der Stadionbau nimmt bei den Investitionen 580 Millionen Euro ein. Profitieren werden auch die Autobauer. Aufgrund des unzureichenden Zustands des öffentlichen Nahverkehrs wird mit einem starken Bedarf an Leihwagen und Bussen gerechnet. (17)

Fallbeispiele

Weltmeister-Bahn-Card-25

Rund 400 000 Verkäufe meldet die Deutsche Bahn zur Weltmeister-Bahn-Card-25. Dabei sind 80% der Käufer bislang nicht im Besitz einer Bahn-Card gewesen. Das Konzept der Vermarktungsstrategen scheint aufgegangen zu sein. Mit jedem Sieg der deutschen Mannschaft, so warb die Bahn, verlängerte sich die Gültigkeitsdauer der Karte um einen Monat. (5)

Condor profitiert von WM Flüchtigen

Einen Buchungsanstieg meldet Condor für den WM Monat Juni. Laut Aussage des Billigfliegers machten zahlreiche Menschen Urlaub während der Weltmeisterschaft. Viele Buchende wollten so dem Fußballtrubel im eigenen Land entgehen. (13)

Varig Insolvenz brachte Probleme für brasilianische WM Fans

Fliegt sie oder fliegt sie nicht? Rund 28 000 Passagiere mussten sich als Passagiere der Varig diese Frage während der laufenden WM stellen. Die brasilianische Fluggesellschaft steckte mitten zur WM in einer Finanzkrise und damit kurz vor dem Aus. Die Airlines der Star-Alliance, zu der die Varig gehört, haben bereits deutlich gemacht, dass die Kooperation noch keine Beförderungspflicht bedeute.

Das Unternehmen konnte über Ausweichrouten den größten Teil der Passagiere nach dem Ausscheiden der Brasilianer in die Heimat fliegen. (9), (10)

Köln-Bonner Flughafen glänzt mit Rekordzahlen

Sommerferien und Fußballweltmeisterschaft haben zu einem Passagierrekord im Juni auf dem Köln-Bonner Flughafen geführt. Rund 970 000 Fluggäste wurden dabei gezählt. Die WM brachte ein Plus von 30 000 Passagieren. Am 21. Juni fiel der Tagesrekord mit 40 500 Passagieren. Das Jahresziel mit 10 Millionen Passagieren scheint für den Flughafen in greifbarer Nähe. So wurden im ersten Halbjahr 2006 rund 4,6 Millionen Passagiere über das Köln-Bonner Drehkreuz transportiert. Eine Steigerung von 4,6% gegenüber 2005. (4)

Wasserstoffbusse im Dauereinsatz

Erfolgreich verlief der Einsatz von zwei Wasserstoffbussen, die im WM-Nahverkehr in Berlin eingesetzt wurden. Die vom Mineralölkonzern Total bereitgestellten Busse pendelten zwischen Flughafen und Stadion und legten insgesamt mehr als 8 500 Kilometer Fahrstrecke zurück. (14)

Telematik-System Ruhrpilot erlebt zur WM Premiere

Das zur WM im Ruhrgebiet gestartete Telematik-System Ruhrpilot hat sich in der Einführungsphase bewährt. Das System sammelt laufend Daten über die Verkehrssituation auf den verschiedensten Straßen in der Region Rhein-Ruhr. Hinzu kommen Messwertnehmer in den Städten Bochum, Dortmund, Essen und Gelsenkirchen, die bereits gesammelte Daten aus den Autobahnen, Bundes- und Landstraßen ergänzen. In Deutschlands größtem Ballungsraum fahren täglich 1,1 Millionen Menschen zwischen den Städten auf verschiedensten Verkehrswegen. Für die elf Spiele, die auf Schalke und in Dortmund stattfanden wurde das System erstmals eingesetzt. Die Daten flossen zu einem Auskunftssystem in das Internet und sollen später über Navigationssysteme und Mobiltelefonen abgerufen werden können. (16)

Zahlen & Fakten

Geplante Investtionssummen Südafrikas im Transportwesen in Millionen Euro

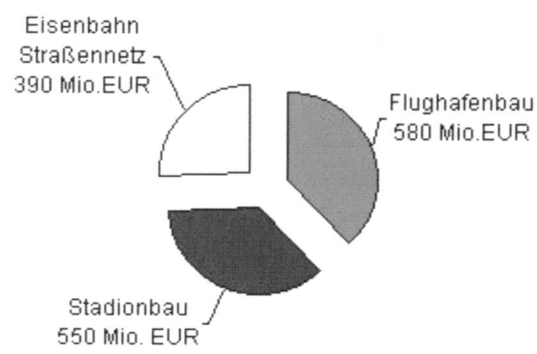

Quelle: Franfkurter Allgemeine Zeitung

Entnommen aus: Frankfurter Allgemeine Zeitung, 22.07.2006, Nr. 168, S. 18

Weiterführende Literatur

(1) Bahn mit fünfzehn Millionen Gästen
aus Frankfurter Allgemeine Zeitung, 08.07.2006, Nr. 156, S. 44

(2) Kasse machen nach der WM
aus Frankfurter Allgemeine Zeitung, 10.07.2006, Nr. 157, S. 17

(3) Ende der Völkerwanderung
aus Frankfurter Allgemeine Zeitung, 08.07.2006, Nr. 156, S. 22

(4) Rekordzahlen auf dem Flughafen Köln-Bonn
aus Frankfurter Allgemeine Zeitung, 06.07.2006, Nr. 154, S. 14

(5) La-Ola-Welle für einfahrende Züge
aus Frankfurter Allgemeine Zeitung, 27.06.2006, Nr. 146, S. 40

(6) Hybrid-Lastwagen von Fuso
aus Frankfurter Allgemeine Zeitung, 06.07.2006, Nr. 154, S. 16

(7) Eine Sternstunde der Mobilität
aus Frankfurter Allgemeine Zeitung, 02.06.2006, Nr. 127, S. 8

(8) Lufthansa profitiert von der WM
aus Frankfurter Allgemeine Zeitung, 18.05.2006, Nr. 115, S. 19

(9) Brasilianer hängen in der Luft Seleção-Fans bleibt wegen Varig-Krise nur Urlaub im WM-Land
aus Frankfurter Rundschau v. 05.07.2006, S.24

(10) Notfalls kommt die Luftwaffe
aus Süddeutsche Zeitung, 28.06.2006, Ausgabe Deutschland, S. 47

(11) Alles, was fährt und fliegt

aus Süddeutsche Zeitung, 24.06.2006, Ausgabe Deutschland, S. 44

(12) Himmelsstürmer der Sponsoren
aus WirtschaftsWoche online vom 2006-06-04

(13) O.V., Condor profitiert von WM-Flüchtigen, WirtschaftsWoche online vom 2006-06-03
aus WirtschaftsWoche online vom 2006-06-04

(14) Wasserstoffbusse bewähren sich Mehr als 8 500 Kilometer Fahrtstrecke haben während der Fußball-WM zwei vom Mineralölkonzern Total bereitgestellte Wasserstoffbusse in Berlin zurückgelegt. Im Pendelverkehr transportierten die Fahrzeuge mehrere tausend Passagiere.
aus MOTOR-INFORMATIONS-DIENST vom 12.Juli 2006

(15) Fußball WM: Positive Verkehrs-Bilanz Knapp zwei Drittel der 3,2 Millionen Stadionbesucher haben während der Fußball-WM zur Anfahrt den Öffentlichen Nahverkehr genutzt. Nur rund 30 Prozent sind mit dem eigenen Pkw zum Spiel gekommen, der Rest war zu Fuß oder per Fahrrad unterwegs.
aus MOTOR-INFORMATIONS-DIENST vom 07.Juli 2006

(16) Ohne Stress zum Fußballspiel
aus VDI NR. 22 VOM 02.06.2006 SEITE 8

(17) Die nächste WM ist die lukrativste
aus Frankfurter Allgemeine Zeitung, 22.07.2006, Nr. 168, S. 18

Impressum

Mammutaufgabe Fußball-WM - Transportwesen und öffentlicher Nahverkehr haben sich gut geschlagen

Bibliografische Information der deutschen Nationalbibliothek

Die Deutsche Nationalbibliothek verzeichnet diese Publikation in der deutschen Nationalbibliografie; detaillierte bibliografische Daten sind im Internet über http://dnb.d-nb.de abrufbar.

ISBN: 978-3-7379-3029-1

© 2015 GBI-Genios Deutsche Wirtschaftsdatenbank GmbH, Freischützstraße 96, 81927 München, www.genios.de

Alle Rechte vorbehalten. Dieses Werk ist einschließlich aller seiner Teile – z.B. Texte, Tabellen und Grafiken - urheberrechtlich geschützt. Jede Verwertung außerhalb der Grenzen des Urheberrechtsgesetzes bedarf der vorherigen Zustimmung des Verlags. Dies gilt insbesondere auch für auszugsweise Nachdrucke, fotomechanische Vervielfältigungen (Fotokopie/Mikroskopie), Übersetzungen, Auswertungen durch Datenbanken oder ähnliche Einrichtungen und die Einspeicherung und Verarbeitung in elektronischen Systemen.